P9-DMS-208

IRISH IS FUN!

Grianghraf ar chúl le Brian Lynch, le caoinchead Bhord Fáilte.
Back cover photograph by Brian Lynch, courtesy of Bord Fáilte.

Argraffiad cyntaf: 1987
Deuddegfed argraffiad: 2009
Hawlfraint © Y Lolfa Cyf., 1987

Gach ceart ar cosnamh. Ní cheadaítear aon chuid den fhoilseachán seo a aráirgeadh, ar aon mhodh ná slí (ach amháin i gomhthéacs léirmheasa) gan cead a fháil roimh ré ón bhfoilsitheoir.
All rights reserved. No part of this book may be reproduced by any means (apart from review purposes) without the prior, written concent of the publishers.

Úsáidfear dleachta údan an leabhair seo chun tacú le **Oideas Loch Laoi**, carthanacht a bunaíobh chun cuidiú le hoideachas lánGhaelige i dTuaisceart Eireann.
Authors' royalties will be used to support **Oideas Loch Laoi***, a charity founded to assist Irish-language education in Northern Ireland.*

Rhif Llyfr Rhyngwladol / *ISBN*: 0 86243 143 3

Á chlóbhualadh agus á fhoilsiú ag
Argraffwyd a chyhoeddwyd yng Nghymru gan
Y Lolfa Cyf., Talybont, Ceredigion, Cymru (Wales) SY24 5AP;
e-bost ylolfa@ylolfa.com *y we* http://www.ylolfa.com
ffôn (01970) 832 304 *ffacs* 832 782 *isdn* 832 813

IRISH IS FUN!

A NEW COURSE IN IRISH FOR THE BEGINNER

Irish version: Aodán Mac Póilín, M.Phil

Based on the original *Welsh is Fun* by Heini Gruffudd, MA and Elwyn Ioan

Dymuna'r cyhoeddwyr fynegi eu diolch dwys i John Dudley
Davies, Pennaeth Marchnata'r Cyngor Llyfrau Cymraeg, am
gael y syniad, ac am ei ymdrechion diflino i'w gael i'r wal; i
Seán Mac Mathúna a'r cyfeillion yn Conradh na Gaelige am
eu brwdfrydedd mawr; ac i Diarmuid Ó Cathasaigh, rheolwr
Aís, y ganolfan ddosbarthu, am ei waith yn gwerthu'r llyfr
mor llwyddiannus.

Read this first!

1. You want to learn Irish? This book will give you an enjoyable start. We hope that you'll be hooked by the time you finish it.

2. Don't give up. If you can speak English, you can learn Irish. All it needs is time and determination.

3. A little often is the best way.

4. Use your Irish whenever you can. Most Irish speakers are on your side. If you can't understand them, say:
> Abair sin arís, le do thoil.
> (ab-wer shin ar-eesh, le duh hull)
> Say that again, please.

You can add:
> Tá mé ag foghlaim (na Gaeilge).
> (Taw may eg fow-lum (na Gael-ig-e)
> I am learning (Irish).

5. There is a species of superior, snide, sneery, snattery Irish speaker who enjoys making learners feel stupid. If you meet one, spit in his eye: he's an enemy of the language.

You may wish to add:
> Póg mo thóin.
> (Pogue moh hone)

6. There are two types of people who will criticise this book to you on linguistic/dialect/pedagogic/methodological/lexical/grammatical/moral/aesthetic grounds.

The first type will offer to teach you better. Accept. They probably will.

The second type are begrudgers, pedants, no-hopers, dead-heads. Spit in their eye.

7. If they complain that it's sexist, agree. They're right.

8. There are plenty of other courses and books in Irish for when you've finished this one. Some of them, for example, Linguaphone, Buntús Cainte, Learning Irish, are accompanied by tapes or records.

9. It is very difficult to learn to use a language actively, without lots of practice. Classes are a great help. Even better is a friend who's prepared to talk Irish to you while you learn. If you find one of these, stick to him/her like wallpaper.

10. We have tried to avoid dialect in this book as far as possible. There is a standard spelling and grammar, which simplifies things, but each of the dialects has different ways of saying some things. "How are you? " is "Cad é mar tá tú? " in Ulster, "Cén chaoi a bhfuil tú? " in Connacht, and "Conas tá tú? " in Munster. Pronunciation and stress can also vary. The best advice to the learner is to pick one particular dialect and learn it first. Connacht Irish is the most fashionable at the moment.

Contents

Spelling & pronunciation

Irish is a more or less phonetic language, but the actual spelling system is quite complex. This is because 18 letters have to be manipulated to cover 60-odd sounds.
(There is no j, k, q, v, w, x, y, z.)
Many sounds in Irish do not exist in English. A native speaker of Irish, or a recording of one, is the best guide, and the following is, of necessity, a poor substitute. If you follow it closely, you will achieve approximately the same degree of inaccuracy as most learners.

BROAD AND SLENDER CONSONANTS

Every consonant has two sounds, depending on the nearest vowel.

BROAD VOWELS : A, O, U.
SLENDER VOWELS : I, E.

A broad vowel makes its consonant broad, and a slender vowel makes it slender.

Generally speaking, with a broad consonant the lips are slack, and with a slender consonant they are tensed.

b broad	:	almost like 'bw'.
b slender	:	similar to English 'b'. Lips tighter.
c broad	:	like 'k', tongue further back in mouth.
c slender	:	not in English. A 'ky' sound with tongue well forward.
d broad	:	like English 'd' in 'Dan', but thicker. Try putting tip of tongue behind lower teeth.
d slender	:	like 'd' in 'duke', with tongue behind upper teeth.
f broad	:	lips very slack, front upper teeth inside lower lip. Almost like 'fw'.
f slender	:	lips very tight, front upper teeth outside lower lip. Rather like 'f' in five.
g broad	:	similar to English 'g' in 'got'.
g slender	:	almost like 'gy'. Tongue well forward.
l broad	:	similar to English 'l' in 'love'.
l slender	:	'ly' sound. Like 'l' in value.

m broad	:	almost like 'mw'.
m slender	:	similar to English 'm'.
n broad	:	similar to English 'n' in 'fun'.
n slender	:	like 'n' in 'new'.
p broad	:	lips very slack.
p slender	:	lips very tight.
r broad	:	like English 'r' in 'run' but broader. Initial 'r' nearly always broad.
r slender	:	impossible to describe. Like a cross between an 'r' and a 'z'.
s broad	:	like English 's' in 'sad'.
s slender	:	like English 'sh'.
t broad	:	like English 't' in 'too', but broader. Put tip of tongue behind lower front teeth.
t slender	:	'tch' sound, as in 'tune'.

ASPIRATED CONSONANTS

(Consonants followed by a 'h'. The sound is changed. For further explanation, see page 67.)

bh mh	broad	:	like 'w' ('v' in Munster)
bh mh	slender	:	like 'v'

ch	broad	:	not in English. As in 'loch'.
ch	slender	:	rather like 'h' in 'hue'.
dh gh	broad	:	1. Initial:— Not in English. A guttural sound at the back of the throat. 2. In middle of word:— silent. 3. End of word, -adh = 'oo' as in 'fool'.
dh gh	slender	:	like a 'y'
fh		:	silent
ph		:	like 'f'
sh th	broad	:	like 'h' in 'How'.
sh th	slender	:	like 'h' in 'humid'.

ECLIPSE (see page 67)

This involves replacing an initial letter with another sound. The original letter is written but not spoken.
    páirc (park) — a field
    i bpáirc (ih bark) — in a field
exception: in eclipsed 'ng' both letters are pronounced.

ACCENT

In all dialects the accent is usually on the first syllable.
In Munster it is sometimes on the second or third.
We have underlined the syllable to be stressed.

FADA

The *fada* (= long) is the accent like the French acute
(´) over a vowel. It makes the vowel long, and some-
times indicates stress.

SOME VOWELS

ea is pronounced like a short 'ah'
é   is pronounced like 'ay' in 'say'
í
aoi } is pronounced like 'ee' in 'see'

NA CEACHTANNA

The Lessons

1

Dia duit.
(Jee-ah ditch)
Hello.

Fáilte.
(fwal-tche)
Welcome.

2

Dia is Muire duit.
(Jee-ah iss Mwer-ah ditch)
Hello (reply).

3

Cad é mar tá tú?
(cad ay mar *taw* too)
How are you?

4

Go maith, go raibh maith agat.
(guh moyh, guh roe moyh agat)
Well, thank you.

12

5 **Go measartha, go raibh maith agat.**
(guh *mass*-ar-ha, guh roe moyh agat.)
Fair, thanks.

6 **Imigh leat, a dhiabhail.**
(im-ee lyat, a *yeaw*-il)
Take yourself off, you devil.

madra

7 **Tar isteach.**
(tar iss-*tchah)*
Come in.

8 **Slán.**
(slawn)
Good-bye.

doras

13

Cad é mar—how
maith—good
go maith—well
go holc—bad(ly)
go measartha—fairly well
tar—come
téigh—go
imigh—go (away)
imigh leat—take yourself off
slán—goodbye
isteach—in
amach—out
Dia duit—hello
go raibh maith agat—thanks

ABAIR AGUS AISTRIGH/
SAY AND TRANSLATE

Fáilte . . . .
Tar isteach . . . .
Cad é mar tá tú? . . . .
Go measartha . . . .
Dia duit . . . .
Imigh leat . . . .
Téigh isteach . . . .
Téigh amach . . . .
Imigh amach . . . .
Tar amach . . . .
Slán . . . .

Ceacht a Dó
(Lesson 2)

AN AIMSIR
(The Weather)

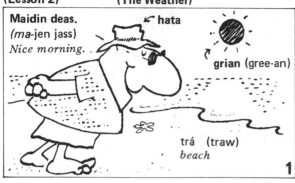

Maidin deas.
(ma-jen jass)
Nice morning.

hata

grian (gree-an)

trá (traw)
beach

1

2

Tá sé go breá.
(Taw shay guh braw)
It's fine.

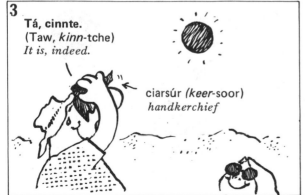

3

Tá, cinnte.
(Taw, *kinn*-tche)
It is, indeed.

ciarsúr *(keer*-soor)
handkerchief

4

Tá sé ag cur anois.
(Taw shay ag kur an-*ish*)
It's raining now.

15

Tá sé damanta fuar.
(Taw shay *dam*-an-ta fuar)
It is damnably cold.

léine
shirt

an fharraige
(an *ar*-ig-e)
the sea

5

Tá sé deas te.
(Taw shay jass tcheh)
It's nice and hot.

gaineamh
(*gan*-yew)
sand

6

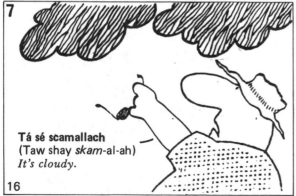

7

Tá sé scamallach
(Taw shay *skam*-al-ah)
It's cloudy.

16

8

Oíche mhaith anois.
(*ee*-heh woyh an-*ish*)
Good night now.

Tá sé—He/it is
deas—nice
te—hot/warm
fuar—cold
deas te—nice and hot
damanta—damnably
an aimsir—the weather
oíche—night
oíche mhaith—good night
anois—now

ABAIR AGUS AISTRIGH/
SAY AND TRANSLATE

Tá sé deas te . . . .
Tá sé te . . . .
Oíche mhaith . . . .
Tá sé fuar anois . . . .
Tá sé fuar . . . .
Tá an fharraige deas te . . . .
Cad é mar tá tú? . . . .
Tá sé ag cur . . . .

Pionta, le do thoil.
(*pinn*-ta leh duh hull)
A pint, please.

fear
(far)
man

stól

1

Punt, le do thoil.
(punt, leh duh hull)
A pound, please.

Go raibh maith agat.
(guh roe moyh agat)
Thanks.

fear an tí
man of the house

gloine
glass

2

Tá an bheoir iontach deas.
(Taw an veore *een*-tach jass)

*The beer's
very nice.*

cathaoir
(*kah*-eer)
chair

18

3

4

Tá sé ag ól cuid mhór.
(Taw shay ag awl kuj wore)
He's drinking a lot.

toitín
(*touch*-een)
cigarette

5

Tá an tine te agus tá mé compordach.
(Taw an *chin*-ee tcheh agus taw may *kump*-ord-ach)
The fire's hot and I'm comfortable.

bord
table

6

toit (touch)
smoke

Pionta eile, le do thoil.
(pinn-ta ella, lej duj hull)
Another pint, please.

lámh
hand

píopa (*pee*-pa)
pipe

7

Tá sí iontach deas.
(Taw shee *een*-tach jass)
She's very nice.

cailín deas
(*kayl*-een jass)
nice girl

muc sheobhaineach fhireann
(muck hove-in-ach *irr*-en)
male chauvinist pig.

8

srón
(srone)
nose

Há! Há! Tá sé ólta
(Taw shay *awl*-ta)
Ha! Ha! He's drunk

urlár
(*ur*-lar)
floor

19

tine—fire
Tá mé—I am
Tá sí—She is
compordach—comfortable
eile—other/another (comes after
                      the noun)

agus—and
le do thoil—please
iontach (adjective)—very
beoir—beer
pionta—a pint
punt—a pound
ag ól—drinking
ólta—drunk
cuid mhór—a lot
saor—cheap
daor—dear

Note:
beoir—beer
an bheoir—the beer
(beoir is feminine)

20

UIMHREACHA/NUMBERS

A. Counting	B. Counting Things
1. a haon	pionta (amháin)
2. a dó	dhá phionta
3. a trí	trí phionta
4. a ceathair	ceithre phionta
5. a cúig	cúig phionta
6. a sé	sé phionta

Notice how the numbers 2-6 affect the words
following them. (See pages 64 & 67.)

ABAIR AGUS AISTRIGH/
SAY AND TRANSLATE

Tá sí compordach . . . .
Tá mé ag ól . . . .
Tá sé iontach ólta . . . .
Tá an bheoir deas . . . .
pionta eile . . . .
cailín eile . . . .

Ceacht a Ceathair (Lesson 4)   AN CARR (The Car)

1 **Luach ceithre phunt de pheitreal, le do thoil.**
Four pounds worth of petrol, please.

roth
wheel

Tá an peitreal istigh. Ceithre phunt, le do thoil.
The petrol is in. Four pounds please.

2

Seo duit. Cúig phunt.
Here you are. Five pounds.

Seo duit an briseadh. Punt.
3 *Here's the change. A Pound.*

Ba mhaith liom uisce freisin.
I'd like water too.

4

5 **Seo an t-uisce. Maith go leor?**
Here's the water. O.K.?

6 **Tá an cailín seo ag dul go Cill Áirne.**
This girl's going to Killarney.

cailín deas
nice girl

7 **Tá mé ag dul go Luimneach.**
I'm going to Limerick.

22

mála
bag

8 **Tá garda ag teacht go dtí an carr.**
A guard (policeman) is coming to the car.

carr deas
a nice car

galún—gallon
Seo duit—Here's/Here you are
　　　　(handing something to
　　　　somebody)
Seo . . . —Here is . . . (showing something)
Seo an carr—Here's the car
Ba mhaith liom—I would like
An cailín seo—This girl
uisce—water
ag dul—going
ag teacht—coming
go
go dtí 　—to
freisin—too/also
luach—worth/value
peitreal—petrol
istigh—in(side)
briseadh—change (money)

There's no word for 'a' in Irish.
cailín—girl/a girl

Sometimes you'll see a 'h' after the first letter of a word, e.g. **dhá g***h***alún, ceithre p***h***unt.** This is called ASPIRATION, and changes the sound of the letter. For example, 'ph' is pronounced like 'f', 'th' is pronounced like 'h'. (See page 67 for a fuller explanation and pages 7/8 for pronunciation.)

ABAIR AGUS AISTRIGH/
SAY AND TRANSLATE

Tá sé ag dul go dtí an carr . . . .
dhá phunt, trí phunt . . . .
ceithre phunt, cúig phunt . . . .
an carr seo . . . .
seo an garda . . . .
seo an cailín . . . .
seo duit . . . .
Ba mhaith liom uisce . . . .

1

Thángamar ó Luimneach.
We came from Limerick.

leabhar

2 **Ba mhaith linn fanacht anseo anocht.**
We would like to stay here tonight.

3

clog

Tá sibh mall.
You are late.

24

4

Dar Dia, nílimid. Táimid luath.
By God, we aren't. We're early.

mála

5

Ba mhaith leo leaba agus bricfeasta.
They would like bed and breakfast.

6

Sin cúig phunt is fiche an duine.
That's twenty-five pounds each.

bainisteoir
(manager) →

7

Ar mhaith libh leaba singil?
Would you like a single bed?

8

cuirtíní ↰

Anois tá siad ina luí.
Now they are in bed.

blaincéad

25

Táimid—we are
Tá sibh—you (pl) are
Tá siad—they are
Nílimid—we are not

Ba mhaith liom—I would like
Ba mhaith leat—you would like
Ba mhaith leis—he would like
Ba mhaith léi—she would like
Ba mhaith linn—we would like
Ba mhaith libh—you (pl) would like
Ba mhaith leo—they would like
Ar mhaith leat . . . ? —would you like . . . ?
Ar mhaith libh . . . ? —would you (pl)
                                                like . . .?

ANSWER
Yes—**Ba mhaith**
No—**Níor mhaith**

Teach ósta—hotel
ó—from
mall—late

26

luath—early
fanacht—to stay(wait)
anocht—tonight
leaba—bed
bricfeasta—breakfast
anseo—here
duine—a person
punt an duine—a pound each

ABAIR AGUS AISTRIGH/
SAY AND TRANSLATE

Ar mhaith leat bricfeasta? . . . .
Ar mhaith leat pionta? . . . .
Ar mhaith leat fanacht anseo? . . . .
Ba mhaith liom pionta . . . .
Ba mhaith liom leaba singil . . . .
Ba mhaith liom fanacht, le do thoil . . . .
. . . .
Tá mé mall . . . .
Tá siad luath . . . .

Ceacht a Sé
(Lesson 6)
SA BHUS
(In the Bus)

An bhfuil an bus ag teacht?
Is the bus coming?

Níl. Tá an bus mall.
No. The bus is late.

teach

cosán

culaith

1

bóthar

An bhfuil sé ag teacht anois?
Is it coming now?

Tá, buíochas le Dia.
Yes, thank God.

2

An bhfuil tú ag dul go dtí an trá?
Are you going to the beach?

Níl. Tá mé ag dul go dtí an baile mór.
No. I'm going to the town.

3

Ticéad go dtí an trá, agus ticéad go dtí an baile mór.
A ticket to the beach, and a ticket to the town.

Go raibh maith agat.
Thanks.

4

5

Ticéad duit féin agus do do chara?
A ticket for yourself and for your friend?

Cinnte, dhá thicéad.
Certainly, two tickets.

6

Cé mhéad?
How much?

Punt agus caoga pingin.
£1.50

7

Cérb as duit?
Where are you from?

Doire. Cérb as duit féin?
Derry. Where are you from yourself?

Baile Átha Cliath.
Dublin.

28

8

An bhfuil mé ar an bhus cheart?
Am I on the right bus?

Tá.
Yes.

In Irish, to say *YES* or *NO,* you repeat the verb. In this case, 'Tá' (Yes) and 'Níl' (No).

An bhfuil mé? —Am I?
An bhfuil tú? —Are you?
An bhfuil sé? —Is he?
An bhfuil sí? —Is she?
An bhfuilimid? —Are we?
An bhfuil sibh? —Are you (pl.)?
An bhfuil siad? —Are they?

Buíochas le Dia—Thank God
baile mór—town
ticéad—ticket
cara—friend
caoga—fifty
nó—or
pingin—a penny
cérb as duit? —where are you from?
ar—on
ceart—right/correct

A. Counting	B. Counting Things
7. a seacht	seacht bpunt
8. a hocht	ocht bpunt
9. a naoi	naoi bpunt
10. a deich	deich bpunt

Seven to ten *eclipse.* The 'p' in punt is not pronounced when eclipsed. 'Eight pounds' is pronounced 'ocht bunt'. (See page 67.)

ANSWER 'YES' and 'NO'

An bhfuil mé mall? . . . .
An bhfuil sibh luath? . . . .
An bhfuil tú sa leaba? . . . .
An bhfuil sé anseo? . . . .
An bhfuil sé ag teacht? . . . .

ABAIR AGUS AISTRIGH/
SAY AND TRANSLATE

Cé mhéad? . . . .
Tá an bus ag teacht . . . .
Cérb as duit? . . . .
Tá sé ar an bhus cheart . . . .

Ceacht a Seacht (Lesson 7)

SA SIOPA
(In the Shop)

Ba mhaith liom . . .
I would like . . .

Tabhair dom . . .
Give me . . .

cáis
punt ime
pionta bainne
dhá phunt siúcra
cúpla úll
mála prátaí
meacain dearga
builín aráin
bosca uibheacha
canna anraith
canna bradáin . . .

. . . le do thoil
(please)

bean

cóta

subh *(jam)*

£1.30 an punt

im
(butter)

30

£2.00 an punt

cáis *(cheese)*

cabáiste

bananaí

bradán *(salmon)*

An bhfuil gallúnach agat?
Have you soap?

salach
dirty

Tabhair dom—give me
punt—a pound
mála—bag
builín aráin—a loaf of bread
bosca—box
canna—tin
cúpla—a couple of (takes singular)
cúpla úll—a couple of apples
Numbers also take the singular
cúig úll, dhá ubh
. . . an ceann — . . . each
bean—woman
an bhean—the woman ('bean' is feminine)
duine—person
rud ar bith—anything
ochtó—eighty

ABAIR AGUS AISTRIGH/
SAY AND TRANSLATE

Tabhair dom builín aráin . . . .
Tabhair dom dhá phunt prátaí . . . .
. . . .
Tabhair dom bosca toitíní . . . .
Tabhair dom siúcra . . . .
Le do thoil . . . .
An bhfuil úlla agat? . . . .
An bhfuil bainne agat? . . . .
An bhfuil cóta agat? . . . .
Rud ar bith eile? . . . .
Ba mhaith liom cúpla úll, le do thoil . . . .
. . . .

FREAGAIR/ANSWER

An bhfuil oráistí agat? . . . .
        (See page 29.)
An bhfuil toitín (singular) **agat?** . . . .
. . . .
Ar mhaith leat toitín? . . . .
        (See page 26.)
Ar mhaith leat bainne? . . . .

1

Táimid ag dul amach anocht.
We're going out tonight.

cosán

2 Ar mhaith leat dul go dtí an phictiúrlann?
Would you like to go to the cinema?

teach an phobail
(church)

Níl a fhios agam
I don't know.

Gabh mo leithscéal. Cá bhfuil an phictiúrlann?
Excuse me. Where is the cinema?

Thart an choirnéal.
Around the corner.

Go raibh maith agat.

3

Ba mhaith liom cupán tae anois.
I'd like a cup of tea now.

Ach ba mhaith liomsa dul ag siúl.
But I'd like to go walking.

4

33

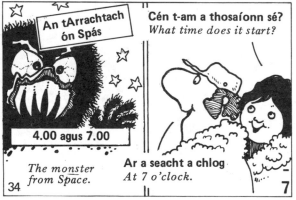

Cé mhéad atá ar . . .? —How much is . . .?
Cén t-am? —What time?
Cén t-am é? —What time is it? (See p.65.)
Cá bhfuil—Where is . . .?
Cupán tae—a cup of tea
a chlog—o'clock
Tá sé a haon déag a chlog—It's 11 o'clock
Tá sé a dó dhéag a chlog—It's 12 o'clock
Gabh mo leithscéal—Excuse me
leithreas—toilet
Oifig an Phoist—the Post Office
an Phictiúrlann—the Cinema
Teach an Phobail—church
Leabharlann—Library
Níl a fhios agam—I don't know
Thart an choirnéal—around the corner
Ba mhaith liomsa—I would like
(emphatic form)

ABAIR AGUS AISTRIGH/
SAY AND TRANSLATE

Táimid ag siúl anocht . . . .
Níl a fhios agam . . . .
Gabh mo leithscéal . . . .
Cén t-am é? . . . .
Tá sé . . . .

a hocht a chlog (See page 65.)
a naoi a chlog
a dó a chlog
a cúig a chlog

Cé mhéad atá ar . . .
bhuilín aráin? . . . .
mhála prátaí? . . . .
phionta bainne? . . . .

Cá bhfuil . . .
Oifig an Phoist?
an Leabharlann?
an Leithreas?

Cá bhfuil tú ag obair?
Where are you working?

Tá mé ag obair sa mhonarcha.
I'm working in the factory.

crann

1

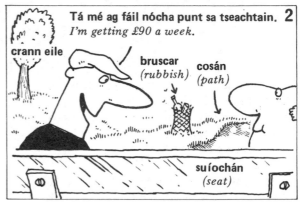

Tá mé ag fáil nócha punt sa tseachtain. **2**
I'm getting £90 a week.

crann eile

bruscar
(rubbish)

cosán
(path)

suíochán
(seat)

An bhfuil cuid mhór daoine
ag obair ansin?
Are there a lot of people
working there?

éan

Tá. Dhá chéad.
Yes. Two hundred.

madra

36   **·3**

Cá bhfuil tú ag dul anois? **4**
Where are you going now?

Tá mé ag dul abhaile.
I'm going home.

37

ag obair—working
ag fáil—getting
seachtain—week
sa tseachtain—per week
daoine—people
duine—person
monarcha—factory
sa—in the
céad—100
nócha—90
abhaile—home(wards)
cad é sin—what's that
ag dúnadh—closing
go fóill—yet
Tá an t-ádh leat—you're lucky
go díreach—indeed
madra—dog
Tá mise—*emphatic form of* Tá mé (I am)
Slán—Goodbye

ABAIR AGUS AISTRIGH/
SAY AND TRANSLATE

Tá sé ag obair . . . .
Tá sé ag dúnadh . . . .
Tá mé ag fáil céad punt . . . .
Tá mise ag obair . . . .
Cad é sin? . . . .
Sin an madra . . . .
Tá sé ag dul abhaile . . . .
Cá bhfuil tú ag obair? . . . .
. . . .
Cá bhfuil tú ag dul? . . . .
. . . .

Ceacht a Deich
(Lesson 10)

SA CHAIFE
(In the Café)

Ar mhaith libh lón?
Would you like lunch?

Níor mhaith, a amadáin.
Tá sé a sé a chlog.
No, you fool.
It's six o'clock.

anlann

1

2

Agus ní maith liom tae. Ba mhaith liom caife.
And I don't like tea. I'd like coffee.

3

Pictiúr

Níl an caife réidh go fóill.
The coffee isn't ready yet.

4

Níl sé réidh? Nílimid ag teacht anseo arís.
It isn't ready? We're not coming here again.

5 Ní maith liom arán agus im, agus ní maith liom císte milis, agus . . .
I don't like bread and butter, and I don't like cake, and . . . .

scian agus forc

cupán

6
1. siúcra
2. babhla
3. spúnóg
4. piobar
5. salann
6. crúiscín

Ní maith leis anraith agus ní maith léi arán tósta, agus . . .
He doesn't like soup and she doesn't like toast, and . . .

7 An maith leat rud ar bith?
Do you like anything?

BIACHLAR (Menu)

Ní maith! Nílimid ag ithe anseo.
No! We're not eating here.

40

8 Táimid ag imeacht. Táimid ag dul go dtí an teach ósta.
We're going. We're going to the hotel.

Is maith liom—I like
Is maith leat—you like
Is maith leis—he/it likes
Is maith léi—she/it likes
Is maith linn—we like
Is maith libh—you (pl) like
Is maith leo—they like
Ní maith liom—I don't like
An maith leat . . . ? —Do you like . . . ?
   Yes—Is maith
   No—Ní maith

NOTE: I would *like* **(Ba mhaith liom)**
     (See page 26.)

lón—lunch
amadán—fool
caife—café/coffee
réidh—ready
go fóill—yet/still

arís—again
císte milis—cake
arán tósta—toast
ag ithe—eating
ag imeacht—going (away)

ABAIR AGUS AISTRIGH/
SAY AND TRANSLATE

Ar mhaith leat tae? . . . .
An maith leat tae? . . . .
Ba mhaith liom tae . . . .
Is maith liom tae . . . .
Tá mé réidh anois . . . .
Níl mé réidh go fóill . . . .
Ní maith leis rud ar bith . . . .
Tá mé ag imeacht . . . .
Tá mé ag ithe anois . . . .

Ceacht a hAon Déag (Lesson 11) AN CORP AGUS ÉADAÍ
(The Body and Clothes)

Uimhir a trí
(No. 3)
③

cluas gruaig
(ear) (hair)
ceann
(head)
lámh
(arm)
súil
srón
fiacla béal
(teeth) (mouth)
scornach
(throat) bolg
(belly)
lámh
(hand)

fobhríste
(underpants)

cos
(leg)

cos
(foot)

42

stoca

blús
(blouse)

cíochbheart
(bra)
cíoch
(breast)

sciorta
(skirt)

buatais
(boot)

bróg
(shoe)

casóg
(jacket)
bríste
(trousers)

carabhat
(tie)

culaith
(suit)

spéaclóirí

léine
(shirt)

póca

cóta mór
(overcoat)

féasóg

gúna
(dress)

foghúna
(petticoat)

Tá lámh agam.
I've got a hand.

Tá bríste aige.
He's got trousers.

Tá cíoch agat.
*You've got a breast. ***

Tá cos aici.
She's got a leg.

Níl sciorta aici agus níl léine aige.
She hasn't got a skirt and he hasn't got a shirt.

* Muc sheobhaineach fhireann
Male chauvinist pig

Tá píopa mór agam.
I've got a big pipe.

Níl ciall ar bith agat.
You haven't any sense.

teach tábhairne

↑
pótaire
(drunkard)

43

Tá éadaí agam—I have clothes
Tá éadaí agat—you have clothes
Tá éadaí aige—he has clothes
Tá éadaí aici—she has clothes
Tá éadaí againn—we have clothes
Tá éadaí agaibh—you (pl) have clothes
Tá éadaí acu—they have clothes

Níl bríste agam—I don't have trousers
An bhfuil cóta agat? —Have you a coat?
       Yes—Tá
       No—Níl

There is no verb "To Have" in Irish.
We use the construction Tá . . . ag
"Tá peann ag Seán" means "Seán has a pen"
(lit. "There is a pen at Seán").

ABAIR AGUS AISTRIGH/
SAY AND TRANSLATE

Tá gruaig agam . . . .
Níl cóta mór agam . . . .
An bhfuil léine agat? . . . .
An bhfuil ciall agat? . . . .
Tá ceann mór aige . . . .
Tá píopa aici . . . .
An bhfuil culaith aige? . . . .
Níl fiacla againn . . . .

1

Cé mhéad atá ar leabhar stampaí?
How much is a book of stamps?

dúnta
(closed)

Dhá phunt caoga pingin.
Two pounds and fifty pence.

2

Tabhair dom stampa tríocha pingin agus stampa fiche pingin.
Give me a 30p stamp and a 20p stamp.

3

Agus an bhfuil stampa deich bpingin agat?
And have you a 10p stamp?

Tá.
Yes.

ag fanacht
(waiting)

4

An bhfuil mé in am don phost?
Am I in time for the post?

mmm . . . tá.
mmm . . . yes.

litir
(letter)

45

Teileafón

An bhfuil na stampaí seo ceart?
Are these stamps correct?

Tá.
Yes.

5

6

Tá na stampaí móra sin deas.
Those big stamps are nice.

Cad é tá cearr?
What's wrong?

7

mála
(bag)

Níl stampa ar an litir seo!
There's no stamp on this letter!

46

An chéad duine eile.
Next.

Mise.
Me.

Mise.
Me.

8

fiche—20
tríocha—30
daichead—40
caoga—50
seasca—60
seachtó—70
ochtó—80
nócha—90
céad—100

These numbers take the singular,
and don't affect the noun
    seachtó punt—£70

leabhar—book	cad é tá cearr?—what's wrong?
stampa—stamp	an chéad duine eile—next (person)
in am—in time	an chéad rud eile—next (thing)
ceart—right/correct	mise—me (emphatic form)
deas—nice	litir—letter
	an stampa seo—this stamp
	an stampa sin—that stamp
	na stampaí seo—these stamps
	na stampaí sin—those stamps

Adjectives in Irish are plural if the noun is plural.

stampa mór—a big stamp
duine beag—a small person

            stampaí móra—big stamps
            na daoine beaga—the little
                        people (fairies)

ABAIR AGUS AISTRIGH/
SAY AND TRANSLATE

Cé mhéad atá ar stampa? . . . .
. . . .
Cé mhéad atá ar an leabhar seo? . . . .
. . . .
Tabhair dom an litir sin . . . .
An bhfuil leabhar stampaí agat? . . . .
. . . .
An bhfuil mé in am? . . . .
An bhfuil sin ceart? . . . .
Cad é tá cearr? . . . .

AG AN DAMHSA
(At the Dance)

1

Amharc, tá siad ag dul isteach.
Look, they're going in.

Tá an áit lán.
The place is full.

B'fhearr liom deoch.
I'd prefer a drink.

2

Tá an deoch iontach daor.
The drink's very dear.

Uisce
beatha
(whiskey)
£1.50

Beoir £1.40
(beer)

Vodca £1.50

Tá siad ag dul isteach go gasta.
They're going in quickly.

3

Ní féidir liomsa damhsa ach is féidir leatsa pógadh.
I can't dance but you can kiss.

48

4

Is maith liom an damhsa seo.
I like this dance.

cairde
(friends)

An mbeidh damhsa eile againn?
Will we have another dance?

5
Ní féidir liom damhsa níos mó.
I can't dance any more.

Beidh deoch againn mar sin.
We'll have a drink then.

BEÁR
Ó, gabh mo leithscéal —
an bhfuil tú maith go leor?
Oh, excuse me — are you all right?

6

Is fearr leo bheith ag damhsa. **7**
They prefer (to be) dancing.

Ní bheidh siad sásta ach is cuma.
*They won't be pleased but it
doesn't matter.*

8
An mbeidh deoch eile agat?
Will you have another drink?

Beidh, cinnte.
Yes indeed.

49

Amharc—look
áit—place
lán—full
deoch—drink
daor—dear
go gasta—quickly
damhsa—dance
póg—kiss
pógadh—to kiss
níos mó—more/any more
maith go leor—all right
sásta—happy/satisfied
Is cuma—it doesn't matter
Is cuma liom—I don't care
cinnte—surely, indeed

beidh—will be (future of *tá*)
Beidh mé/tú/sé/sí/sibh/siad—
I/you/he/she/it/you/they will be
(*beimid—we will be)

Tá pionta agam—I have a pint
(See page 44.)

50

Beidh pionta agam—I'll have a pint

an mbeidh tú?—will you be?
ní bheidh mé—I won't be

Yes—beidh;
No—ní bheidh.

Is féidir liom—I can
Is féidir leis—he can
liom, leat etc. (See p.41.)

An féidir leat . . . ? — Can you . . . ?
Ní féidir liom . . . — I cannot . . .
    Yes—Is féidir
    No—Ní féidir

ABAIR AGUS AISTRIGH/
SAY AND TRANSLATE

Tá mé ag dul isteach . . . .
An mbeidh deoch agat?   Beidh . . . .
. . . .
Tá an áit seo iontach daor . . . .
. . . .
Ní féidir liom damhsa . . . .
Ní bheidh sí sásta . . . .
An bhfuil an deoch maith go leor? . . . .

Ceacht a Ceathair Déag (Lesson 14) — AG AN FHLEÁ (At the Party)

1

Ar thosaigh an fhleá go fóill?
Has the party started yet?

Thosaigh.
Tá gach duine ólta.
Yes.
Everybody's drunk.

2

Ar thosaigh sibh go luath?
Did you start early?

'hosaigh mise ar maidin!
I started in the morning!

3

Ar ith tú rud ar bith?
Did you eat anything?

Níor ith go fóill.
Not yet.

4

D'ith mé go leor, go raibh maith agat.
I ate enough, thanks.

creaic mhaith
great crack

D'ól tú go leor, freisin.
You drank enough, also.

51

D'ól sé barraíocht.
He drank too much.

lampa
teilifís
seilf
leabhar

D'ól siad go léir barraíocht.
They all drank too much.

5

6 **Tá mé i ngrá leat.**
I'm in love with you.

Abair sin arís ar maidin.
Say that again in the morning.

Níor chríochnaigh mé an deoch.
I didn't finish the drink.

naomh

Ach thit tú amach an fhuinneog.
But you fell out of the window.

7 52

Tá Gaeilge mhaith agat.
You have good Irish.

an ghealach

8

Stad den phlámás.
Stop the flattery.

THE PAST TENSE

tosaigh—start	**thosaigh mé**—I started
tit—fall	**thit mé**—I fell
críochnaigh—finish	**chríochnaigh mé**—I finished
ól—drink	**d'ól mé**—I drank
ith—eat	**d'ith mé**—I ate

To form the PAST TENSE in Irish, simply ASPIRATE the ORDER FORM (if it begins with a vowel, prefix *d'*)

Note. Negative is '**níor**'. Question is '**Ar**'. (with a vowel, drop the *d'*)

níor chríochnaigh mé—I didn't finish
níor ól mé—I didn't drink
Ar thit tú? —Did you fall?
Ar ith tú? —Did you eat?

Note. There is a special form for 'we':
D'ólamar, **d'ith**eamar.
(See page 68.)

fleá—party
gach duine—everybody
go luath—early
ar maidin—in the morning/ this morning
go leor—enough

barraíocht—too much
go léir—all
grá—love
arís—again
fuinneog—window
an fhuinneog—the window

ABAIR AGUS AISTRIGH/ SAY AND TRANSLATE

Ar thosaigh sibh go fóill? . . . .
. . . .
Thosaigh an fhleá ar maidin . . . .
. . . .
Níor ith mé rud ar bith . . . .
D'ól mé go leor . . . .
D'ith mé barraíocht . . . .
Tá mé i ngrá leat . . . .
Abair sin arís, le do thoil . . . .
. . . .
Níl Gaeilge mhaith agam . . . .
Ar chríochnaigh tú go fóill . . . .
. . . .

Ceacht a Cúig Déag (Lesson 15) Cois na Farraige
(At the Seaside)

1

Téim cois na farraige gach bliain.
I go to the seaside every year.

Téimid leis.
We go with him.

2

Bíonn sé i gcónaí mar an gcéanna.
It's always the same.

Ólaim cúpla pionta.
I drink a couple of pints.

Ólann sé barraíocht.
He drinks too much.

3 Déanann Máire gach rud.
Máire does everything.

Ní dhéanaim rud ar bith.
I don't do anything.

54

4 Tosaíonn Máire ag troid liom.   falsóir
Máire starts fighting with me.   *(lazybones)*

Tosaíonn Síle ag caoineadh.
Síle starts crying.

5 Titeann Liam isteach san uisce.
Liam falls into the water.

Tosaíonn Síle ag caoineadh.
Síle starts crying.

Briseann Liam a chos.
Liam breaks his leg.

Tosaíonn Síle ag caoineadh.
Síle starts crying.

6

Bíonn sé i gcónaí ag cur. **7**
It's always raining.

Bíonn Síle i gcónaí ag caoineadh.
Síle's always crying.

Téimid abhaile sa deireadh.
We go home in the end.

Buíochas le Dia.
Thank God.

8

55

THE PRESENT TENSE

To say 'I begin', 'I break', etc. add an *'-im'* sound to the order form.
To say 'you begin', 'he begins', etc. add an *'-an'*, sound and **'tú/sé'** etc.
To say, 'we begin', 'we break', etc. add an *'-imidge'* sound. (of course, there are several ways of spelling all of these.)

Tóg—lift   **Cuir**—put
Tóg*aim*—I lift   **Cuir*im***—I put
Tóg*ann* sé—he lifts   **Cuir*eann* sé**—he puts

Tosaigh—start
Tos*aim*—I start
Tos*aíonn* sé—he starts

Imigh—go away
Im*ím*—I go away
Im*íonn* sé—he goes away

Tóg*aimid*—we lift
Cuir*imid*—we put
Tos*aímid*—we start
Im*ímid*—we go away

Negative—I don't go, etc.
ní t*h*éim
Question—Do you go? etc.
an *d*téann tú?

cois na farraige—(to/at) the seaside
bliain—year
mar an gcéanna—the same
i gcónaí—always
Tá se—He/it is (now)
Bíonn sé—He/it is (habitually)
barraíocht—too much
rud ar bith—anything/nothing
dinnéar—dinner
ag troid—fighting
ag caoineadh—crying
ag cur—putting/raining
uisce—water
a—his

1

Rachaimid faoin tuath amárach.
We'll go into the countryside tomorrow.

An dtiocfaidh seisean?
Will he come?

Tiocfaidh.
Yes.
(He will)

2

geata

bó *(cow)*

reithe ↗

caora

Feicfidh mé caoirigh den chéad uair.
I'll see sheep for the first time.

Feicfidh.
Yes.

An bhfeicfidh?
Will you?

3

na sléibhte

loch

Feicfimid na sléibhte, agus coill agus loch.
We'll see the mountains, and a wood, and a lake.

4

Feicfidh mé na páirceanna.
I'll see the fields.

Rachaidh mise isteach sa pháirc.
I'll go into the field.

Tiocfaidh an feirmeoir.
The farmer will come.

57

Rachaidh mise anois.
I'll go now.

Fan bomaite, tiocfaidh mise leat.
Wait a minute, I'll come with you.

sráid

5

An dtiocfaidh sise linn?
Will she come with us?

cosc ar pháirceáil
(no parking)

Ní thiocfaidh, mo bhrón.
No, alas.

6

7 Cén uair a thiocfaimid go dtí an barr?
When will we come to the top?

Sasanach
(Englishman)

Uair an chloig eile.
Another hour.

an barr

58

Ní thiocfaidh siad anseo arís.
They won't come here again.

Ní rachaidh mé go dtí an teach tábhairne anocht.
I won't go to the pub tonight.

8

THE FUTURE TENSE

Basically, add a *-hee* sound to the ORDER FORM.

Tóg—lift
Tóg*faidh* mé—I will lift

Cuir—put
Cuir*fidh* mé—I will put

Ceannaigh—buy
Ceann*óidh* mé—I will buy

Imigh—*go away*
Im*eoidh* mé—*I will go away*

Question : **An *d*tógfaidh tú?**—will you lift?
Negative : **Ní *th*ógfaidh mé**—I won't lift

The following are irregular:

rachaidh mé—I will go
rachaimid—we will go
tiocfaidh mé—I will come
tiocfaimid—we will come
feicfidh mé—I will see
feicfimid—we will see

faoin tuath—(in)to the countryside
caora—sheep (singular)
caoirigh—sheep (plural)
amárach—tomorrow

fan bomaite—wait a minute
barr—top
uair—time/hour
uair an chloig—hour
den chéad uair—for the first time

ABAIR AGUS AISTRIGH/
SAY AND TRANSLATE

Tiocfaidh mé leat anois . . . .

Feicfidh mé amárach thú (tú-you) . . . .

. . . .

Rachaidh mé ar an bhus . . . .

. . . .

Tiocfaidh sí amárach . . . .

. . . .

Rachaidh mé go dtí an teach tábhairne . . . . .

. . . .

raidió

fuinneog

cuirtíní
(curtains)

cófra

MÁIRTÍN Ó CADHAIN

tolg

ceannadhairt

ceapairí
(sandwiches)

im
(butter)

leabhar

scian
(knife)

buidéal Guinness

spéaclóirí

iris
(magazine)

nuachtán
(newspaper)

60

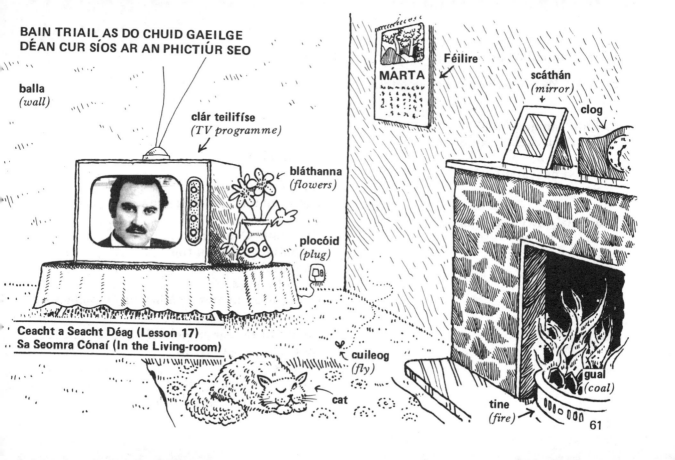

BAIN TRIAIL AS DO CHUID GAEILGE
DÉAN CUR SÍOS AR AN PHICTIÚR SEO

balla
(wall)

clár teilifíse
(TV programme)

bláthanna
(flowers)

plocóid
(plug)

Féilire

MÁRTA

scáthán
(mirror)

clog

Ceacht a Seacht Déag (Lesson 17)
Sa Seomra Cónaí (In the Living-room)

cuileog
(fly)

cat

gual
(coal)

tine
(fire)

61

Cé tá ar an teilifís anocht?

Proinsias Mac Aonghusa atá ar an teilifís.

Cá bhfuil an nuachtán?
    Tá an nuachtán ar an urlár.

Cad tá sa nuachtán?
    Nuacht!

Cad tá na páistí ag déanamh?
    Tá siad ina luí.

FREAGAIR

Cá bhfuil an cat . . . .
Cad tá an bheirt á dhéanamh ar an tolg? . . . . . .
. . . .
Cá bhfuil "Comhar"? . . . .
An bhfuil gual ar an tine? . . . .
An bhfuil pláta ar an mbord? . . . .
An cailín deas í? . . . .
Cá bhfuil an pictiúr de Mháirtín Ó Cadhain? . .
. . . .
An bhfuil an fear ar meisce? . . . .
An bhfuil sé ina luí? . . . .
Ar ith siad? . . . .
An bhfuil an cat ag ithe? . . . .
An mbeidh siad ag dul a luí? . . . .

GRAMADACH

Grammar

Uimhreacha

Numbers

COUNTING

1.	a haon	20.	fiche
2.	a dó	30.	tríocha
3.	a trí	40.	daichead
4.	a ceathair	50.	caoga
5.	a cúig	60.	seasca
6.	a sé	70.	seachtó
7.	a seacht	80.	ochtó
8.	a hocht	90.	nócha
9.	a naoi	100.	céad
10.	a deich	1,000.	míle
11.	a haon déag	1,000,000.	milliún
12.	a dó dhéag		
13.	a trí déag	£25 — cúig phunt is fiche	
14.	a ceathair déag		
15.	a cúig déag		
16.	a sé déag		
17.	a seacht déag		
18.	a hocht déag		
19.	a naoi déag		

COUNTING THINGS

pionta amháin
dhá phionta
trí phionta
ceithre phionta
cúig phionta
sé phionta
seacht bpionta
ocht bpionta
naoi bpionta
deich bpionta
aon phionta dhéag
dhá phionta dhéag
trí phionta dhéag
ceithre phionta dhéag
cúig phionta dhéag
sé phionta dhéag
seacht bpionta dhéag
ocht bpionta dhéag
naoi bpionta dhéag

COUNTING PEOPLE

fear amháin
beirt fhear
triúr fear
ceathrar fear
cúigear fear
seisear fear
seachtar fear
ochtar fear
naonúr fear
deichniúr fear
aon fhear déag
dáréag fear
trí fhear déag
ceithre fhear déag
cúig fhear déag
sé fhear déag
seacht bhfear déag
ocht bhfear déag
naoi bhfear déag

An tAm The Time

It is:

1.	one o'clock	— Tá sé a haon a chlog
2.	two o'clock	— Tá sé a dó a chlog
3.	three o'clock	— Tá sé a trí a chlog
4.	four o'clock	— Tá sé a ceathair a chlog
5.	five o'clock	— Tá sé a cúig a chlog
6.	six o'clock	— Tá sé a sé a chlog
7.	seven o'clock	— Tá sé a seacht a chlog
8.	eight o'clock	— Tá sé a hocht a chlog
9.	nine o'clock	— Tá sé a naoi a chlog
10.	ten o'clock	— Tá sé a deich a chlog
11.	eleven o'clock	— Tá sé a haon déag a chlog
12.	twelve o'clock	— Tá sé a dó dhéag a chlog

Other useful words

minute—**nóiméad/bomaite**; mid-day—**meán lae**;
mid-night—**meán oíche**; in the morning—**ar maidin**;
in the afternoon—**tráthnóna**; at night—**san oíche**.

to: **chun/go dtí**   after: **tar éis/i ndiaidh**

5—**cúig**; 10—**deich**; 15—**ceathrú** (quarter); 20—**fiche**;
25—**fiche a cúig**; half past—**leath i ndiaidh** or **leathuair tar éis**.

2.30	—	Tá sé leathuair tar éis a dó
3.15	—	Tá sé ceathrú tar éis a trí
7.45	—	Tá sé ceathrú chun a hocht
5.05	—	Tá sé cúig tar éis a cúig

At six o'clock — *ar* a sé a chlog;
At 7.10 — *ar* a deich tar éis a seacht.

How to ask:
    What's the time? — **Cén t-am é?**
        or   — **Cad é an t-am atá sé?**

Questions

WHERE IS/ARE **Cá bhfuil**
Cá bhfuil mé anois? Where am I now?
WHERE WAS/WERE **Cá raibh**
Cá raibh tú inné? Where were you yesterday?

HOW **Cad é mar (a)/conas (a)**
Cad é mar a tháinig tú? How did you come?
Cad é mar a rinne tú sin? How did you do that?
Cad é mar atá tú? How are you?

WHAT **Cad/Cad é**
Cad é sin? What's that?
Cad é an t-ainm atá ort? What's your name?

WHEN **Cén uair (a)**
Cén uair a thosaigh tú? When did you start?

HOW MUCH/HOW MANY **Cé mhéad**
Cé mhéad sin? How much is that?
Cé mhéad atá anseo? How many are there?

WHY **Cén fáth/cad chuige**
Cad chuige sin? Why's that?

Adjectives and Adverbs

Put the adjective AFTER the noun
 fear *mór*—a *big* man
After a feminine noun, aspirate
 girseach dheas—a nice girl

Make an adverb by putting 'go' in front of the adjective
 carr gasta—a fast car (adjective)
 rith sé go gasta—he ran quickly (adverb)

You're supposed to put adjectives in the plural and genitive if the noun is in the plural or genitive. This is not necessary for basic communication and very complicated. Ignore it for the moment.

Aspiration and Eclipse

One of the most confusing things for learners of Irish is the way the *beginnings* of words change. There are two kinds of change, aspiration and eclipse. Learn these basic rules and pick up the rest. You will usually be understood even if you get the grammar wrong.

ASPIRATION involves putting a 'h' after a consonant. This changes the sound of the consonant. See page 8.

RULES FOR ASPIRATION

A. Verbs   a. past tense
              b. after **ní** (negative)

B. Nouns   a. after **mo** (my), **do** (your), **a** (his)
              b. feminine nouns after **an**
              c. masculine nouns in genitive after **an**
              d. after numbers: 2 - 6 (objects)
                                beirt (two people)
                                chéad (first)
              e. after prepositions, except **ag, as, go, i**
              f. after **a** (addressing somebody`
              g. after (past tense of **is**) **ba, níor, ⸱r, nár**

C. Adjectives after feminine nouns (more or less)

RULES FOR ECLIPSE

This involves replacing a letter with another one. Only the new letter is pronounced (exception '**ng**').

p is eclipsed by **b** is eclipsed by **m**
t is eclipsed by **d** is eclipsed by **n**
c is eclipsed by **g** is eclipsed by **n**
f is eclipsed by **bh**
vowels are eclipsed by **n-**

VERBS are eclipsed after **an, nach, go** (that), **cá** (where), **sula** (before), **mura** (if not).

NOUNS are eclipsed after
     A.   the numbers 7-10 (objects)
     B.   after the preposition **i** (in)
     C.   after **ár** (our), **bhur** (your pl.)
              a (their)
     D.   after **na** (the) genitive plural
              seomra na *m*ban — the women's room

Preposition & AN

In Ulster Irish, simple preposition + **an** ASPIRATE
In Connacht and Munster Irish, they ECLIPSE
[except **don** (to/for the); **den** (of the); **sa** (in the) —These Aspirate.]

Verbs

If you glance at a dictionary, you will see that there are two main forms of the verb in Irish:

    A. The Order Form (Imperative)
    B. The Verbal Noun

In most languages, the tenses are built on the infinitive. In Irish they are based on the Order Form.

The Verbal Noun supplies 1/the infinitive (e.g. to do)
                                 2/the -ing form (e.g. doing)

THE PAST TENSE

The Past Tense is formed by aspirating the Order Form
    Tosaigh—begin
    Thosaigh mé—I began
Words beginning with a vowel or **fh** have a **d** prefixed
    ith—eat
    d'ith mé—I ate

Negative: *Níor* **thóg sé**—He didn't lift
Question: *Ar* **thóg sé?** —Did he lift?
Negative Question: *Nár* **thóg sé?** —Didn't he lift?
Also: **murar**—if not; **sular**—before

NOTE: **d'ith mé, níor ith mé, ar ith tú,** etc.

There is a special form for 'we' in the past tense. It is pronounced — *amar*, and spelt four different ways. (Verbs are divided into two CONJUGATIONS, and each Conjugation has two main groups.)

   1st Conjugation : one-syllable verbs

A. Broad e.g. **tóg**—lift (broad refers to the last vowel)
B. Slender e.g. **cuir**—put
             Thóg*amar*—we lifted
             Chuir*eamar*—we put

   2nd Conjugation : two-syllable verbs

A. e.g. **ceann***aigh*—buy
B. e.g. **bail***igh*—gather

There are two stages with these:

   1/ The endings are lost
   2/ New tense endings are added

A. **Ceann***aíomar*—we bought
B. **Bhail***íomar*—we gathered

THE PRESENT TENSE

Each of the endings of the PRESENT TENSE has
four different spellings.

I lift, sit, throw, etc. add *-im* sound to ORDER FORM
We lift, etc. add *-imidge* sound

For you, he, she, it, you(pl), they, add *-an* sound plus
tú/sé/sí/sibh/siad.

For spellings, see table.

THE FUTURE TENSE

Again, four spellings for each ending.
The basic ending is a *-hee* sound plus **mé/tú/sé/sí/
sibh/siad**.
We will lift, etc. add *-himidge*

For spellings see table.

NEGATIVE, PRESENT and FUTURE

ní (aspirates) **ní cheannóidh mé sin**—I won't buy that
an (eclipses) **an gceannóidh tú é?** —Will you buy it?

YES and NO

There are no two words in IRISH corresponding to
'Yes' and 'No'. You answer the verb in the same
tense.
For example, if someone asks you: **Ar tháinig tú Dé
Luain?** (Did you come on Monday?)
   Yes is **Tháinig**
   No is **Níor tháinig**
If someone says: **An bhfuil tú tinn?** (Are you sick?)
   Yes is **Tá.**
   No is **Níl.**

REGULAR VERBS	1st CONJ Broad e.g. **Tóg** (-lift)	Slender e.g. **Cuir** (-put)	2nd CONJ Broad e.g. **Ceannaigh** (-buy)	Slender e.g. **Bailigh** (-gather)
PAST (lifted) I etc. ! aspirate!	**Thóg** mé/tú/sé/sí sibh/siad	**Chuir** mé/tú/sé/sí sibh/siad	**Cheannaigh** mé/tú/sé sí/sibh/siad	**Bhailigh** mé/tú/sé/sí sibh/siad
We	**Thóg**amar	**Chuir**eamar	**Cheanna**íomar	**Bhail**íomar
Autonomous: was lifted ! aspirated!	*Tóg*adh	*Cuir*eadh	*Ceanna*íodh	*Bail*íodh
PRESENT (lifts) I You etc.	-aim **Tóg**ann tú/sé/sí sibh/siad	-im **Cuir**eann tú/sé/sí sibh/siad	-aím **Ceanna**íonn tú/sé/sí sibh/siad	-ím **Bail**íonn tú/sé/sí sibh/siad
We	-aimid	-imid	-aímid	-ímid
Autonomous: is lifted, etc.	-tar	-tear	-aítear	-ítear
FUTURE I, etc. (will lift)	**Tóg**faidh mé/tú sé/sí/sibh/siad	**Cuir**fidh mé/tú sé/sí/sibh/siad	**Ceann**óidh mé/tú sé/sí/sibh/siad	**Bail**eoidh mé/tú/ sé/sí/sibh/siad
We	-faimid	-fimid	-óimid	-eoimid
Autonomous: will be lifted, etc.	-far	-fear	-ófar	-eofar

With PAST TENSE use: **níor** (negative); **ar** (question); **nár** (negative question); **gur** (that); (all aspirate)

With other tenses use: **ní**   **an**   **nach**   **go** (**ní** aspirates, the rest eclipse)

IRREGULAR VERBS	PAST	(DEPENDENT FORM)	PRESENT	FUTURE	VERBAL NOUN
Téigh (-go)	Chuaigh sé	ní dheachaigh sé	Téann sé	Rachaidh sé	(ag) dul
Tar (-come)	Tháinig sé	níor tháinig sé	Tagann sé	Tiocfaidh sé	(ag) teacht
Déan (-make/do)	Rinne sé	ní dhearna sé	Déanann sé	Déanfaidh sé	(ag) déanamh
Tabhair (-give)	Thug sé	níor thug sé	Tugann sé	Tabharfaidh sé	(ag) tabhairt
Faigh (-get)	Fuair sé	ní bhfuair sé	Faigheann sé	Gheobhaidh sé (ní bhfaighidh sé)	(ag) fáil
Feic (-see)	Chonaic sé	ní fhaca sé	Feiceann sé	Feicfidh sé	(ag) feiceáil
Ith (-eat)	D'ith sé	níor ith sé	Itheann sé	Íosfaidh sé	(ag) ithe
Cluin/clois (-hear)	Chuala sé	níor chuala sé	Cluineann sé / Cloiseann sé	Cluinfidh sé / Cloisfidh sé	(ag) cluinstin / (ag) cloisteáil
Abair (-say)	Dúirt sé	ní dúirt sé	Déarfaidh sé	Deir sé	(ag) rá
Beir (ar) (-catch hold of)	Rug sé (ar)	níor rug sé (ar)	Beireann sé (ar)	Béarfaidh sé (ar)	(ag) breith (ar)
Bí (-be)	Bhí sé	ní raibh sé	Tá sé	Beidh sé	bheith

Neg: Níl sé
Q: An bhfuil sé?

Present Habitual
Bíonn sé

The Verbal Noun

This is a noun made from a verb. It is an important form, and can be made in about fourteen different ways. Pick them us as you go along. The most common way of forming the verbal noun is to add an −oo sound to the stem. The following list gives some of the most important verbal nouns:

ORDER FORM	VERBAL NOUN
bris (break)	(ag) briseadh (breaking)
stop (stop)	(ag) stopadh
gearr (cut)	(ag) gearradh
caoin (cry)	(ag) caoineadh
cruinnigh (gather)	(ag) cruinniú
socraigh (arrange)	(ag) socrú
críochnaigh (finish)	(ag) críochnú
cuidigh (help)	(ag) cuidiú
caith (throw, spend, wear)	(ag) caitheamh
smaoinigh (think)	(ag) smaoineamh
déan (make/do)	(ag) déanamh

léigh (read)	(ag) léamh
tabhair (give)	(ag) tabhairt
bain (cut/take)	(ag) baint
labhair (speak)	(ag) labhairt
oscail (open)	(ag) oscailt
imir (play)	(ag) imirt
tiomáin (drive)	(ag) tiomáint
fág (leave)	(ag) fágáil
tóg (lift)	(ag) tógáil
imigh (go away)	(ag) imeacht
fan (stay/wait)	(ag) fanacht
ceannaigh (buy)	(ag) ceannach
tar (come)	(ag) teacht
faigh (get)	(ag) fáil
ith (eat)	(ag) ithe
téigh (go)	(ag) dul
abair (say)	(ag) rá
iarr (ask)	(ag) iarraidh
inis (tell)	(ag) insint
tosaigh (begin)	(ag) tosú

Some verbs do not change at all:
rith (run); ól (drink); fás (grow); scríobh (write); troid (fight); foghlaim (learn).

THE GENITIVE

This is a special form of the noun meaning 'of the'
e.g. teach — house

fear
fear *an tí*—the man *of the house*

No matter how long you study Irish, the genitive will give you trouble. At this stage, aim to pick them up as you go along.
You have already met some in this book.

im—butter	**punt im***e*—a pound of butter
arán—bread	**builín ará***i*n—a loaf of bread
bradán—salmon	**ca**n**na bradá***i*n—a tin of salmon
nuacht—news	**páipéar nuacht***a*—a newspaper
an post—the post	**fear an pho***i*st—the postman

Genitives are formed in several different ways. Some become slender, some add -e, some add -a, some don't change.

THE ARTICLE WITH THE GENITIVE

With masculine nouns use *an* (aspirating) e.g. **fear** *an* **phoist**
With feminine nouns use *na* e.g. **cois** *na* **farraige**—the seaside

Here are some important genitives. Learn them.

an oíche—the night
lár na hoíche—the middle of the night

an t-airgead—the money
mo chuid airgid—my (share of) money

an bóthar—the road
trasna an bhóthair—across the road

tamall—a while
i ndiaidh tamaill—after a while

an scoil—the school
chun na scoile—to school

obair—work
mo chuid oibre—my work

fiacail—tooth
tinneas fiacaile—toothache

gruaig—hair
mo chuid gruaige—my hair

seachtain—week
deireadh seachtaine—week-end

fearthainn—rain
ag cur fearthainne—raining

báisteach—rain
ag cur báistí—raining

fuil—blood
ag cur fola—bleeding

an bhliain—the year
tús na bliana—the beginning of the year

feoil—meat
píosa feola—a piece of meat

cara—friend
teach mo charad—my friend's house

an chathair—the city
lár na cathrach—the city centre

An Nollaig—Christmas
Oíche Nollag—Christmas Eve

Some Plurals

There are as many ways of forming plurals as Verbal Nouns. Pick them up as you go along also. Here are some important ones.

	SINGULAR		PLURAL
(an)	duine (person)	(na)	daoine
	rud (thing)		rudaí
	cara (friend)		cairde
	siopa (shop)		siopaí
	práta (potato)		prátaí
	bean (woman)		mná
	cailín (girl)		cailíní
	buachaill (boy)		buachaillí
	páiste (child)		páistí
	lámh (hand/arm)		lámha
	fear (man)		fir
	ceann (head/one)		cinn
	milseán (sweet)		milseáin
	am (time)		amanna (sometimes)
	áit (place)		áiteanna
	páirc (field)		páirceanna

ceacht (lesson)	ceachtanna
lá (day)	laethanta
oíche (night)	oícheanta
bliain (year)	blianta
míle (mile/thousand)	mílte
céad (hundred)	céadta
sliabh (mountain)	sléibhte

THE ARTICLE

Use **an** with the singular and **na** with the plural
  (**na** with fem. genitive singular)

an aspirates feminine nouns, and masculine nouns in the genitive
  (*an* b*h*ean—the woman; **hata an** f*h*ir—the man's hat)
It prefixes **t-** to masculine nouns beginning with a vowel [e.g. **an** *t*-urlár; but: **ar an ur**lár
                          ag glanadh an urláir (genitive)]

na normally does not affect nouns
  (prefixes **h** to vowels: **na húlla** — the apples)
but eclipses the genitive plural
  (**seomra na** *m*ban—the women's room)

Prepositions

In Irish, simple prepositions combine with pronouns to make a single word:

   ar (on) and mé (me) becomes **orm**

	ar(on)	**le**(with)	**ag**(at)	**do**(to/for)
me	orm	liom	agam	dom
you	ort	leat	agat	duit
him/it	air	leis	aige	dó
her/it	uirthi	léi	aici	di
us	orainn	linn	againn	dúinn
you (pl)	oraibh	libh	agaibh	daoibh
them	orthu	leo	acu	dóibh

See the pattern? All but the 3rd person plural and 3rd singular masculine follow it.

SOME IDIOMS WITH PREPOSITIONS

1. **Is maith le** — like
   Is maith liom tae — I like tea

2. **Ba mhaith le** — would like
   Ba mhaith liom pionta — I'd like a pint

3. **Is féidir le** — can
   Is féidir liom siúl — I can walk

4. **Tá . . . ag** — have
   Tá airgead agam — I have money

5. **Tá ocras orm** — I'm hungry
   Feelings and emotions e.g. **tart**—thirst; **fearg**—anger; **eagla**—fear; **brón**—sorrow; **áthas**—joy; **tuirse**—tiredness, use this construction.

6. This construction obtains for illnesses also.
   Tá slaghdán orm — I have a cold

7. **Tabhair do** — give (to)
   Tabhair dom an pcann — Give me the pen

8. **Tabhair do** — bring
   Tabhair leat é — take it with you

FOCLÓIR
Gaeilge-Béarla

b.—feminine
pl.—plural
irr. vb.—irregular verb
      (see p. 71)
vb.—verb
vb. n.—verbal noun

A

abair—say (irr. vb.)
abhaile—home(wards) see **baile**
ach—but
ádh—luck
    ádh mór—good luck/goodbye
ag—at
    agam—at me, **agat**—at you,
    aige—at him/it, **aici**—at her/it,
    againn—at us, **agaibh**—at you,
    acu—at them
ag—prefix to verbal nouns (-ing);
    ag ól—drinking
ag: tá . . . ag (have)
agus—and
aimsir—weather
aistrigh—translate
áit *b.*—place
am—time
    Cén t-am é?—What time is it?
    in am—in time

amach—out (moving)
amadán—fool
    a amadáin—you fool
amárach—tomorrow
an—the (singular)
an—per/each
    punt an duine—a pound per person (each)
an (with verbs) question
    An bhfuil tú?—Are you?
anlann—sauce
anocht—tonight
anois—now
anraith—soup
anseo—here
ansin—there/then
aon—one/any
    a haon (number) one
ar—on
    ar clé—to the left; **ar chúl**—behind
    ar dheis—to the right

arán—bread
    builín aráin—a loaf of bread;
    arán tósta—toast
arís—again
as—from
    amach as—out of

B

ba—past tense of is (irr. vb.)
babhla—bowl
baile—home
    sa bhaile—at home; **chun an bhaile**
    (abhaile)—home(wards)
baile—town(land)
    baile mór—town
bainisteoir—manager
bainne—milk
balla—wall
banana—banana
barr—top
barraíocht *b.*—too much
beag—small
béal—mouth
bean *b.*—woman pl. **mná**
beár—bar
beidh—fut. of **tá** (irr. vb.)
beoir *b.*—beer
bheith—to be

bíonn—pres. hab. of **tá** (irr. vb.)
bith: ar bith—any
blaincéad—blanket
bláth—flower pl. **-anna**
bliain *b.*—year
blús—blouse
bó *b.*—cow
bolg—belly
bomaite—minute
bord—table
bosca—box
bradán—salmon
(go) breá—fine
bricfeasta—breakfast
briseadh—change
bríste—trousers
bróg *b.*—shoe pl. **-a**
brón—sorrow
    mo bhrón—alas
bruscar—rubbish
buatais *b.*—boot, pl. **-í**
buidéal—bottle
builín—loaf
    builín aráin—a loaf of bread
buíochas le Dia—thanks be to God
búistéir—butcher
bus—bus

C

cá—where
    cá bhfuil?—where is?
cabáiste—cabbage
cad é—what
    cad é sin?—what's that?
cad é mar—how
caife—café/coffee
cailín—girl
cairde: pl. of **cara**
cáis *b.*—cheese
canna—tin/can
caoga—fifty
ag caoineadh—crying
caora *b.*—sheep, pl. **caoirigh**
cara—friend, pl. **cairde**
carabhat—tie
carr—car
casóg *b.*—jacket
cat—cat
cathaoir *b.*—chair
cé—who
    Cé sin?—Who's that?
cé mhéad—how much/many (singular)
    Cé mhéad atá ar . . . ?—How much is . . .?
céad—a hundred (singular)
an chéad—the first (aspirates)
ceann—head/one
    mo cheann—my head
    ceann amháin—one; **dhá cheann**—two

an ceann sin—that one
(=each) **punt an ceann**—a pound each
céanna—same
mar an gcéanna—the same (way)
ceannadhairt *b.*—pillow
ceapaire—sandwich pl. **ceapairí**
cearr—wrong
ceart—correct/right
(a) ceathair—(number) four
ceithre—four (objects) (aspirates)
cén t-am?—what time?
cén uair?—when?
cérb as duit?—where are you from?
an chéad—first
an chéad duine eile!—next! (person)
den chéad uair—for the first time
ciarsúr—handkerchief
cinnte—surely/indeed
cíoch *b.*—breast
cíochbheart—bra
císte milis—cake
clár—programme. **clár tellifíse**—T. V.
programme
ar clé—to the left
clog—clock/bell
a chlog—o'clock
uair an chloig—an hour
cluas *b.*—ear
cófra—cupboard
coill *b.*—wood

coirnéal—corner
cois—beside
cois na farraige—(to/at) the seaside
compordach—comfortable
i gcónaí—always
corp—body
cos *b.*—foot/leg   pl. **-a**
cosán—footpath
cóta—coat.
cóta mór—overcoat
crann—tree
creaic *b.*—crack/good company
críochnaigh—finish
crúiscín—jug
cuid *b.*—share/portion
cuid mhór—a lot
mo chuid airgid—my (share of) money
cúig—five (aspirates) **a cúig**—(number) five
cuileog *b.*—fly
cuir—put
ag cur—raining
cuirtíní—curtains
ar chúl—behind
culaith *b.*—a suit (of clothes)
cuma: is cuma—it doesn't matter
is cuma liom—I don't care
cupán—cup
cúpla—a couple (singular)

D

daichead—forty
damanta—damned
damhsa—dance; **ag damhsa**—dancing
daoine—people, sing. **duine**
daor—dear
dar Dia!—by God!
ag déanamh—doing vb. n. of **déan** (irr. vb.)
déanann—present tense of **déan** (do/make)
(irr. vb.)
dearg—red
deas—nice
deich—ten (eclipses): **a deich**—(number) ten
sa deireadh—in the end/at last
deoch *b.*—a drink
dhá—two (objects) (aspirates): **a dó**—
(number) two
Dia—God
Dia duit—Hello : answer:—
Dia is Muire duit.
Buíochas le Dia—Thank God
dar Dia!—by God!
go díreach—exactly/indeed
do—to/for
dom—to me; **duit**—to you; **dó**—to him/it;
di—to her/it; **dúinn**—to us; **daoibh**—to
you (pl.); **dóibh**—to them.
do—your (aspirates)
a dó—(number) two

doras—door
duine—a person, pl. daoine
    punt an duine—a pound each (person)
ag dul—going. vb. n. of téigh (irr. vb.)
dún—close
    ag dúnadh—closing; dúnta—closed

E

éadaí—clothes
éan—bird
eile—(an)other
    pionta eile—another pint

F

faigh—get (irr. vb.)
    ag fáil—getting
fáiltel—welcome!
falsóir—lazybones
fan—wait/stay
    ag fanacht—waiting
    fan bomaite—wait a minute
farraige b.—sea
    cois na farraige—(to/at) the seaside
faoi—under/about
    faoin tuath—in the countryside
fear—man

fear an tí—the man of the house
fearr: is fearr liom . . .—I prefer . . .
    b'fhearr liom . . .—I would prefer . . .
féasóg b.—beard
feicfidh tú—fut. of feic (see) (irr. vb.)
féidir: is féidir liom—I can
féilire—calendar
féin—self/own
    mo chóta féin—my own coat
    mé féin—myself
feirmeoir—farmer
fiacla—teeth
fiche—twenty
fios—knowledge
    níl a fhios agam—I don't know
fir—pl. of fear (man)
fleá b.—party
fobhríste—underpants
foghúna—petticoat
go fóill—yet/still
forc—fork
fosta—also
freisin—also
fuinneog b.—window

G

gabh mo leithscéal—excuse me/pardon me
gach—every
Gaeilge b.—Irish

An bhfuil Gaeilge agat?—Do you speak
             Irish?

gaineamh—sand
gallúnach b.—soap
garda—guard
gasta—quick; go gasta—quickly
gealach b.—moon
geata—gate
gloine—glass
go (adverbial prefix)
    gasta—quick (adjective); go gasta—
    quickly (adverb); go maith—well
go: go raibh maith agat—thank you
go: (in phrases) go díreach—indeed;
    go dtí—to; go fóill—still/yet;
    go léir—all; go leor—enough
grá—love
    i ngrá—in love
grian b.—sun
gruaig b.—hair
gual—coal
gúna—a dress

H

hata—hat

I

i gcónaí—always
im—butter
imigh—go away
    imigh leat!—take yourself off!
    ag imeacht—going away
iontach (with adjective)—very
    go hiontach—wonderful
iris b.—magazine
is (agus)—and
is—one of the verbs 'to be' (irregular)
isteach—in (going)
istigh—in
ith—eat (irr. vb.)
    ag ithe—eating

L

lán—full
lámh b.—hand
lampa—lamp
le—with; le do thoil—please
    liom—with me; leat—with you;
    leis—with him/it; léi—with her/it;
    linn—with us; libh—with you (pl.);
    leo—with them
leaba b.—bed
leabhar—book; pl. leabhair

leabharlann b.—library
léine b.—shirt
leithreas—toilet
leithscéal—excuse
    gabh mo leithscéal—excuse me
go léir—all
go leor—enough
litir b.—letter
loch—lake
lón—lunch
luach—value/worth
luath: go luath—early
luí: ina luí—in bed (he/she/they)

M

madra—dog
maidin b.—morning
    ar maidin—in the morning/this morning
maith—good
    go maith—well
    is maith liom—I like
    ba mhaith liom—I would like
    maith go leor—all right
mála—bag
mall—late
    go mall—slowly
mar—as/because
    cad é mar. . .?—how. . .?

mar sin—then (in that case)
mar an gcéanna—the same
meacan dearga—carrots
méad:
    cé mhéad—how much/how many
    cé mhéad atá ar . . .?—how much is. . .?
measartha: go measartha—fairly well
milis—sweet
mise—emphatic form of mé (me)
mná—plural of bean (woman)
mo—my (aspirates)
monarcha b.—factory
mór—big

N

na—plural of an (the)
naoi—nine (eclipses); a naoi—(number) nir
naomh—saint
níl—(negative of tá)
    níl a fhios agam—I don't know
níos mó—bigger/any more
nó—or
nócha—ninety
nuachtán—newspaper

O

ó—from (aspirates)
obair *b.*—work
    ag obair—working
ocht—eight (eclipses)
    a hocht—(number) eight
ochtó—eighty
oíche *b.*—night
    oíche mhaith—good-night
oifig *b.*—office
    Oifig an Phoist—Post Office
ól—drink (vb.)
    ag ól—drinking; **ólta**—drunk
olc—bad
    go holc—badly
oráiste—orange
ósta : teach ósta—hotel

P

páirc *b.*—field, pl.—**eanna**
pictiúr—a picture
pictiúrlann *b.*—cinema
piobar—pepper
pionta—a pint
píopa—pipe
piseanna—peas
plámás—flattery
plocóid *b.*—plug
póca—pocket

póg (vb.)—kiss
    ag pógadh—to kiss
pótaire—drunkard
práta—potato; pl.—**í**
punt—pound

R

rachaidh : fut. of **téigh** (go) (irr. vb.)
raidió—radio
réidh—ready
reithe—ram
roth—wheel
rud—thing, pl.—**aí**
    rud ar bith—anything

S

sa—in the (aspirates) (**san** with vowels)
salach—dirty
salann—salt
saor—cheap/free
Sasanach—Englishman
sásta—satisfied/pleased
scamallach—cloudy
scáthán—mirror
scian *b.*—knife
sciorta—skirt

scornach *b.*—throat
sé—he/it
sé—six (aspirates) **a sé**—(number) six
seacht—seven (eclipses)
    a seacht—(number) seven
seachtain *b.*—a week
    sa tseachtain—per week
seachtó—seventy
seasca—sixty
seilf *b.*—shelf
seisean—emphatic form of **sé** (he)
seo—this/these
    na stampaí seo—these stamps
    an cailín seo—this girl
seo—here is
    seo an t-uisce—here's the water
    seo duit—here you are
seomra—room
    seomra cónaí—living-room
sí—she/it
sibh—you (pl.)
sin—that/those
    an fear sin—that man
    na stampaí sin—those stamps
sin—that is/there is
    sin punt—that's a pound
singil—single
síocháin *b.*—peace
siopa—shop pl. -**í**
sise—emphatic form of **sí** (she)

siúcra—sugar
siúil—walk
   ag siúl—walking
slán—good-bye
sliabh—mountain; pl. sléibhte
sna—plural of sa (-in the)
spéaclóirí—glasses/spectacles
spúnóg *b.*—spoon
sráid *b.*—street
   sa tsráid—in the street
srón *b.*—nose
stampa—stamp; pl. -í
stooa—sock; pl. í
stól—stool
subh *b.*—jam
súil *b.*—eye; pl. -e
suíochán—seat

T

tá—is/are (irr. vb.)
tabhair—give (irr. vb.)
   tabhair dom . . . —give me . . .
tar—come (irr. vb.)
te—hot
teach—house
   teach tábhairne—pub
   teach ósta—hotel
   teach an phobail—church

ag teacht—coming (vb. n. of tar)
                         (irr. vb.)
téigh—go (irr. vb.)
tháinig—came. past tense of tar (come)
                         (irr. vb.)
ticéad—ticket pl. ticéid
tine *b.*—fire
toil : le do thoil—please
toit *b.*—smoke
toitín—cigarette
trá *b.*—beach
(a) trí—three (aspirates)
tú—you
tusa—emphatic form of tú

U

uair *b.*—time/hour
   cén uair (a) . . .—when . . .
   uair an chloig—an hour
ubh *b.*—egg pl. uibheacha
uimhir *b.*—number; *pl.* uimhreacha
uisce—water
uisce beatha—whiskey
úll—apple pl. -a
urlár—floor

FOCLÓIR
Béarla-Gaeilge

ENGLISH-IRISH VOCABULARY

A

again—arís
alas—mo bhrón
all—go léir
all right—maith go leor
also—fosta/freisin
always—i gcónaí
and—agus (is)
another—eile
    another pint—pionta eile
any—ar bith
anymore—níos mó
anything—rud ar bith
apple—úll pl. -a
arm—lámh b. pl. -a
at—ag

B

bad—olc
    badly—go holc
bag—mála
banana—banana
bar—beár
beard—féasóg b.
because—mar
bed—leaba b.
    they are in bed—tá siad ina luí
           (-lying down)
beer—beoir b.
bell—clog
belly—bolg
behind—ar chúl
beside—cois
    beside the fire—cois na tine
big—mór
bigger—níos mó
bird—éan pl. éin
blanket—blaincéad

blouse—blús
body—corp
book—leabhar pl. leabhair
boot—buatais b. pl. -í
bottle—buidéal
bowl—babhla
box—bosca
bra—cíochbheart
bread—arán
breakfast—bricfeasta
breast—cíoch b.
bus—bus
but—ach
butcher—búistéir
by God!—dar Dia!

C

cabbage—cabáiste
café—caife
cake—císte milis

calendar—féilire
can (tin)—canna
can (able to)—is féidir le . . .
 Is féidir liom—I can
car—carr
care : I don't care—is cuma liom
carrots—meacan dearga
cat—cat
chair—cathaoir *b.*
change (noun)—briseadh
cheap—saor
cheese—cáis *b.*
church—teach an phobail
cigarette—toitín
cinema—pictiúrlann *b.*
clock—clog
 o'clock—a chlog
close—dún
 closing—ag dúnadh; closed—dúnta
clothes—éadaí
cloudy—scamallach
coal—gual
coat—cóta
coffee—caife
come—tar (irr. vb.)
 coming—ag teacht
comfortable—compordach
corner—coirnéal
correct (right)—ceart
country(side) : in the country—faoin tuath

couple—cúpla (singular)
cow—bó *b.*
crack (good company)—creaic *b.*
crying—ag caoineadh
cup—cupán
cupboard—cófra
curtains—cuirtíní

D

damned/damnably—damanta
dance—damhsa
 dancing—ag damhsa
dear (expensive)—daor
dirty—salach
do—déan (irr. vb.)
 doing—ag déanamh
dog—madra
door—doras
dress (noun)—gúna
drink (verb)—ól
 drinking—ag ól
drunk : he is drunk—tá sé ólta
drunkard—pótaire

E

each : a pound each—punt an duine (*people*)
        punt an ceann (*things*)
ear—cluas *b.* pl. -a
early—go luath
eat—ith (irr. vb.)
 eating—ag ithe
egg—ubh *b.* pl. uibheacha
eight—ocht (eclipses)
 (*number*) eight—a hocht
eighty—ochtó
end : in the end—sa deireadh
Englishman—Sasanach
enough—go leor
every—gach
exactly!—go díreach!
excuse me—gabh mo leithscéal
eye—súil *b.*

F

factory—monarcha *b.*
fairly well—go measartha
farmer—feirmeoir
field—páirc *b.* pl. -eanna
fifty—caoga
fine—(go) breá
finish (verb)—críochnaigh

fire—tine *b.*
first : the first—an chéad (aspirates)
    for the first time—den chéad uair
five—cúig (aspirates)
    (number) five—a cúig
flattery—plámás
floor—urlár
flower—bláth pl. -anna
fly (noun)—cuileog *b.*
fool—amadán
footpath—cosán
for—do (aspirates)
fork—forc
forty—daichead
four—ceithre (aspirates)
    (*number*) four—a ceathair
free—saor
friend—cara pl. cairde
from—ó (aspirates)
from : where are you from?—cérb as duit?
full—lán

G

gate—geata
get—faigh (irr. vb.)
    getting—ag fáil
girl—cailín pl. -í
give—tabhair (irr. vb.) do . . .
    tabhair dom . . .—give me . . .

glass—gloine
glasses—spéaclóirí
go—téigh (irr. vb.)
    going—ag dul
    going away/leaving—ag imeacht
go away—imigh (leat)
God—Dia
    thank God—buíochas le Dia
    by God!—dar Dia!
good—maith
good-bye—slán/ádh mór
good luck—ádh mór
good-night—oíche mhaith
guard—garda

H

hair—gruaig *b.*
    my hair—mo chuid gruaige
hand—lámh *b.*
handkerchief—ciarsúr
hat—hata
have—tá . . . ag . . .
he—sé
head—ceann
hello—Dia duit
    Answer—Dia is Muire duit
here—anseo
here is : here's the water—seo an t-uisce

here is (handing something)—seo duit . . .
home—baile
    at home—sa bhaile
home(wards)—abhaile
hot—te
hotel—teach ósta
hour—uair (an chloig) *b.*
house—teach
how—cad é mar
how much/many—cé mhéad (singular)
hundred—céad

I

in—isteach (moving)
    istigh (inside)
in the—sa (singular) (aspirates)
    'san' with vowels
    sna (plural)
in(to) the—isteach sa (aspirates)
indeed/surely—cinnte/go díreach
Irish—Gaeilge
    An bhfuil Gaeilge agat? —Do you speak
    (have) Irish?
it—sé (masculine words) / sí (feminine words)

J

jacket—casóg *b.*
jam—subh *b.*
jug—crúiscín

L

lake—loch
lamp—lampa
last : at last—sa deireadh
late—mall
lazybones—falsóir
left—clé
    to the left—ar clé
letter—litir *b.*
library—leabharlann *b.*
like : I like . . . —is maith liom . . .
    I would like . . . —ba mhaith liom . . .
living-room—seomra cónaí
loaf of bread—builín aráin
(a) lot—cuid mhór/a lán
love : in love with . . . —i ngrá le . . .
luck—ádh
lunch—lón

M

magazine—iris *b.*
make—déan (irr. vb.)
    making—ag déanamh
man—fear
    the man of the house—fear an tí
manager—bainisteoir
many : see '(a) lot'
many : how many—cé mhéad (singular)
matter : it doesn't matter—is cuma
milk—bainne
minute—bomaite
mirror—scáthán
moon—gealach *b.*
more—níos mó
morning—maidin *b.*
    in the morning—ar maidin
mountain—sliabh pl. sléibhte
mouth—béal
much : how much—cé mhéad (singular)
much : too much—barraíocht
my—mo (aspirates)
    my money—mo chuid airgid

N

newspaper—nuachtán
next (person)—an chéad duine eile

nice—deas
night—oíche *b.*
    good night—oíche mhaith
nine—naoi (eclipses)
    (number) nine—a naoi
ninety—nócha
nose—srón *b.*
now—anois
number—uimhir *b.* pl. uimhreacha

O

o'clock—a chlog
office—oifig *b.*
    Post Office—Oifig an Phoist
on—ar
one—leabhar *etc. amháin — one* book
    (named object)
    (number) a haon
    ceann, ceann amháin (un-named object)
    that one—an ceann sin
or—nó
orange—oráiste
other—eile
overcoat—cóta mór
out—amach (moving)
    amuigh (outside)
    out of—amach as
own; my own; my own coat—mo chóta
                 féin

P

pardon me—gabh mo leithscéal
party—fleá *b.*
peace—síocháin *b.*
peas—piseanna
pepper—piobar
per : a pound per person—punt an duine
person—duine pl. daoine
petticoat—foghúna
picture—pictiúr
pillow—ceannadhairt *b.*
pint—pionta pl. -í
pipe—píopa pl. -í
please—le do thoil
pleased—sásta
plug—plocóid *b.*
pocket—póca pl. -í
potato—práta pl. -í
portion—cuid *b.*
pound—punt
Post Office—Oifig an Phoist
prefer : I prefer—is fearr liom
         I would prefer—b'fhearr liom
programme—clár
    T.V. programme—clár teilifíse
pub—teach tábhairne
put—cuir
    putting—ag cur

Q

quickly—go gasta

R

radio—raidió
raining—ag cur
ram—reithe
ready—réidh
red—dearg
right (correct)—ceart
right : to the right—ar dheis
room—seomra
rubbish—bruscar

S

saint—naomh
salmon—bradán
same—céanna
    the same (way)—mar an gcéanna
sand—gaineamh
sandwich—ceapaire pl. -rí
satisfied—sásta
sauce—anlann
say—abair (irr. vb.)
    saying—ag rá
sea—farraige *b.*

seaside : (to/at) the seaside—cois na
                                farraige
seat—suíochán
see—feic (irr. vb.)
    seeing—ag feiceáil
self : myself—mé féin
seven—seacht (eclipses)
    (number) seven—a seacht
seventy—seachtó
share—cuid *b.*
she—sí
sheep—caora *b.* pl. caoirigh
shelf—seilf *b.*
shirt—léine *b.*
shoe—bróg *b.* pl. -a
shop—siopa pl. -í
single—singil
six—sé (aspirates)
    (number) six—a sé
sixty—seasca
skirt—sciorta
slowly—go mall
small—beag
smoke—toit *b.*
soap—gallúnach *b.*
sock—stoca pl. -í
sorrow—brón
soup—anraith
spectacles—spéaclóirí
spoon—spúnóg *b.*

stamp—stampa pl. -í
stay—fan
    staying—ag fanacht
still/yet—go fóill
stool—stól
street—sráid *b.*
    in the street—sa tsráid
sugar—siúcra
suit—culaith *b.*
sun—grian *b.*
surely/indeed—cinnte
sweet (adjective)—milis

T

table—bord
teeth—fiacla
television—teilifís
ten—deich (eclipses)
    (number) ten—a deich
thank God—buíochas le Dia
thank you—go raibh maith agat
that—sin
    that man—an fear sin
that is . . . —sin
    that's a pound—sin punt
the—(singular) an
    (plural) na
then—ansin

then (in that case/so)—mar sin
there—ansin
these—na . . . seo
    these stamps—na stampaí seo
thing—rud pl. -aí
this— an . . . seo
    this girl—an cailín seo
those—na . . . sin
    those stamps—na stampaí sin
three—trí (aspirates)
    (number) three—a trí
throat—scornach *b.*
ticket—ticéad
tie—carabhat
time—am/uair *b.*
    what time is it?—cén t-am é?
    in time—in am
tin (can)—canna
to—go (dtí)
to : give to—tabhair do . . .
toast—arán tósta
toilet—leithreas
tomorrow—amárach
tonight—anocht
too/also—fosta/freisin
too much—barraíocht
top—barr
town—baile mór
translate—aistrigh

tree—crann
trousers—bríste
twenty—fiche
two (objects)—dhá (aspirates)
    (people)—beirt (aspirates)
    (number)—a dó

U

under—faoi
underpants—fobhríste

V

value—luach
very—iontach

W

wait—fan
    waiting—ag fanacht
    wait a minute—fan bomaite
walk—siúil
    walking—ag siúl
wall—balla
water—uisce
weather—aimsir *b.*
week—seachtain *b.*
welcome!—fáiltc!
well—go maith
    fairly well—go measartha

what—cad é
    what's that?—cad é sin?
wheel—roth
when—cén uair (a) (question)
    nuair (a)
where—cá (question) (eclipses)
    where is?—cá bhfuil . . . ?
where are you from?—cérb as duit?
whiskey—uisce beatha
who—cé
    who's that?—cé sin?
window—fuinneog *b*. pl. -a
with—le
woman—bean *b*. pl. mná
worth—luach
wonderful!—go hiontach!
wood : a wood—coill *b*.
work—obair *b*.
    working—ag obair
wrong—cearr

Y

year—bliain *b*. pl. blianta
yet—go fóill
you—tú
your—do (*aspirates*)
    — **your hair**—do chuid gruaige

Minstrel Music
& The Irish Boutique

BOOKS, Tapes & Irish Souvenirs
MAIL ORDER SPECIALISTS

THE IRISH CENTRE, HIGH STREET,
DERITEND, BIRMINGHAM B12 0LN.

Prop. John Fitzgerald　　　　**Tel: 021 - 622 3763**

Now that you have started learning Irish, —DON'T GIVE UP!!
Get up, rush out and buy the amazing etc. SEQUEL to this book:

IRISH IS FUN-TASTIC!

In the opinion of many, funnier (and possibly bluer) than
Irish is Fun, but leading the reader to a higher level of proficiency;
includes revision lessons and vocabulary; 112pp.

May be ordered direct from the publishers:
Y LOLFA, TALYBONT, CEREDIGION, WALES SY24 5HE
by prepayment of £4.50 English money (sorry!!), inc. p&p.

SEIRBHÍSÍ FARANTÓIREACHTA GLUAISTEÁN AGUS PAISINÉIRÍ

Baile Átha Cliath — Caergybi/Holyhead
Ros Láir — Abergwaun/Fishguard
Ros Láir — Doc Penfro/Pembroke Dock

Sonraí ar fáil:
Fón Baile Átha Cliath **(01) 724711**
Corcaigh **(021) 273024**
Nó Déan Teagmháil le do Ghníomhaire Taistil Áitiúil.